MINISTÈRE

DE L'INSTRUCTION PUBLIQUE, DES BEAUX-ARTS ET DES CULTES

SOUS-SECRÉTARIAT D'ÉTAT DES BEAUX-ARTS

MANUFACTURE NATIONALE DE SÈVRES

PARIS

IMPRIMERIE NATIONALE

MDCCCCV

MANUFACTURE NATIONALE DE SÈVRES

NOUVELLE ORGANISATION

1905

MINISTÈRE

DE L'INSTRUCTION PUBLIQUE, DES BEAUX-ARTS ET DES CULTES

SOUS-SECRÉTARIAT D'ÉTAT DES BEAUX-ARTS

MANUFACTURE NATIONALE DE SÈVRES

NOUVELLE ORGANISATION

1905

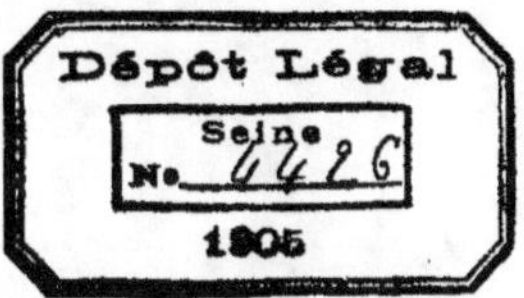

PARIS

IMPRIMERIE NATIONALE

MDCCCCV

DÉCRET.

Le Président de la République française,

Sur le rapport du Ministre de l'instruction publique, des beaux-arts et des cultes;

Vu le décret, du 15 décembre 1891, portant réglementation de la Manufacture nationale de Sèvres et de l'École de céramique qui est annexée à cet Établissement;

Vu le règlement général de ladite Manufacture, divisant le personnel en deux catégories : l'une, dite fixe, maintenue sous le régime de la loi du 9 juin 1853, sur les pensions civiles; l'autre, dite auxiliaire, placée sous le régime de la loi du 20 juillet 1886, réglant la question des retraites pour la vieillesse;

Décrète :

TITRE PREMIER.

Art. 1er. Le personnel de la Manufacture nationale de Sèvres se compose de :

Première section.

ADMINISTRATION.

Un administrateur,
Un chef du matériel-agent comptable,
Un conservateur du Musée et des collections d'œuvres d'art,
Un secrétaire de l'Administration-archiviste-bibliothécaire,
Un commis principal,
Sept commis,
Un brigadier des gardiens,
Deux sous-brigadiers,
Cinq gardiens,
Sept hommes de service.

Deuxième section.

PERSONNEL DES ATELIERS.

1° *Direction des travaux scientifiques et techniques.*

Un directeur,
Un chimiste chef des moufles,
Un chef des ateliers de fabrication,
Un surveillant des ateliers de fabrication,
Ouvriers, ouvrières et apprentis.

2° *Direction des travaux d'art.*

Un directeur,
Un chef des ateliers de décoration (emploi rétabli par suite de la suppression de celui de surveillant des ateliers de décoration),
Artistes, ouvriers, ouvrières et apprentis.

Troisième section.

ÉCOLE DE CÉRAMIQUE.

Sept professeurs, dont un chargé des fonctions de censeur des études,
Deux instructeurs,
Un surveillant.

SERVICE MÉDICAL.

Un médecin principal,
Médecins adjoints.

ART. 2. Le recrutement, les attributions, les traitements ou indemnités et l'avancement de chacune des personnes qui font partie de ce personnel sont définis et réglés de la manière suivante:

TITRE II.

DISPOSITIONS GÉNÉRALES.

Art. 3. Font seuls partie du personnel fixe : l'Administrateur, le Directeur des travaux d'art, le Directeur des travaux scientifiques et techniques, le chimiste chef des moufles, le chef des ateliers de fabrication, le chef des ateliers de décoration, le conservateur du Musée céramique, le chef du matériel-agent comptable, le secrétaire de l'Administration-archiviste-bibliothécaire, le commis principal et les commis, quand il leur est alloué un traitement soumis à la retenue de 5 p. 100 pour les pensions civiles, les gardiens du Musée et du magasin de vente.

Art. 4. Sont maintenues, dans leur intégralité, les dispositions du décret du 4 avril 1903, portant création de trois emplois au magasin de vente des produits de la Manufacture nationale de Sèvres, à Paris.

TITRE III.

DISPOSITIONS PARTICULIÈRES.

Première section.

ADMINISTRATION.

Art. 5. *De l'Administrateur.* — L'Administrateur de la Manufacture est nommé par arrêté ministériel.

Il peut être choisi soit parmi les fonctionnaires de l'Administration des Beaux-Arts, soit parmi les personnes étrangères à l'Administration que leurs titres artistiques ou leur compétence professionnelle désigneraient pour remplir cet emploi.

Il a la direction générale de l'Établissement. Il est chargé de la centralisation de tous les services, des rapports de la Manufacture avec l'Administration centrale et les autres administrations publiques; de l'exécution des ordres ministériels, des relations avec le public et de la direction de l'École de céramique annexée à la Manufacture.

Il lui est alloué un traitement qui n'est pas inférieur à 9,000 fr., ni supérieur à 12,500 francs. Ce traitement, peut être tous les deux ans au plus, et suivant l'état des ressources budgétaires, augmenté de 1,000 francs au maximum.

Art. 6. *Du chef du matériel-agent comptable.* — Le chef du matériel-agent comptable est nommé par arrêté ministériel. Il est choisi, de préférence, parmi les fonctionnaires ou rédacteurs de l'Administration centrale ou parmi les commis de la Manufacture et doit faire preuve des aptitudes spéciales requises d'un comptable des deniers publics.

Il est chargé de la comptabilité générale, de la direction du personnel subalterne et des services du matériel, du service des ventes, de la réception et de la prise en charge des matières premières et de toutes les fournitures. Il doit assurer, en outre, la tenue des livres, l'établissement des inventaires, le règlement des dépenses, etc.

Il lui est alloué un traitement qui n'est pas inférieur à 4,000 fr. ni supérieur à 6,000 francs. Ce traitement peut être, tous les deux ans au plus, et suivant l'état des ressources budgétaires, augmenté de 500 francs au maximum.

Il reçoit :

1° Une indemnité annuelle de 300 francs pour frais de déplacements;

2° Une indemnité annuelle de caisse de 200 francs.

Art. 7. *Du Conservateur du Musée et des collections d'œuvres d'art.* — Le Conservateur du Musée et des collections d'œuvres d'art est nommé par arrêté ministériel. Il est choisi parmi les candidats pouvant justifier des aptitudes requises d'un expert en céramique. Il est chargé d'effectuer les acquisitions de pièces destinées à figurer au Musée de la Manufacture, du classement des collections, de la rédaction des catalogues et des consultations sur les questions relatives à l'histoire de la céramique, ainsi que de l'organisation d'expositions rétrospectives, etc.

Il lui est alloué un traitement qui n'est pas inférieur à 4,000 fr. ni supérieur à 6,000 francs. Ce traitement peut être, tous les deux ans au plus, et suivant l'état des ressources budgétaires, augmenté de 500 francs au maximum.

Il reçoit, en outre, pour frais de déplacements, une indemnité annuelle de 300 francs.

Art. 8. *Du secrétaire de l'Administration de la Manufacture-archiviste-bibliothécaire.* — Le secrétaire de l'Administration est nommé par arrêté ministériel, dans les conditions prévues pour les rédacteurs de l'Administration centrale, parmi lesquels il peut être choisi.

Il est chargé de la rédaction des rapports et de la correspondance de l'Administration, de la conservation de la bibliothèque et des archives et de tous les travaux qui s'y rapportent, du service des commandes d'objets de Sèvres et de la surveillance de leur exécution.

Il lui est alloué un traitement qui n'est pas inférieur à 3,000 fr. ni supérieur à 5,000 francs. Ce traitement peut être, tous les deux ans au plus, et suivant l'état des ressources budgétaires, augmenté de 400 francs au maximum.

Art. 9. *Du commis principal.* — Le commis principal de l'Administration de la Manufacture est nommé par arrêté ministériel. Il est choisi soit parmi les commis de la Manufacture, soit parmi les employés de l'Administration centrale.

Il est chargé, sous les ordres de l'agent comptable, de la comptabilité du personnel et du matériel, de la vérification des mémoires des fournisseurs, de la préparation des état des traitements et salaires, des bordereaux de payement et des inventaires ainsi que du service des ventes, etc.

Il reçoit un traitement (ou une indemnité annuelle fixe soumise à la retenue de 4 p. 100 pour la Caisse nationale des retraites pour la vieillesse) dont le montant n'est pas inférieur à 3,000 francs ni supérieur à 4,500 francs, et qui peut, tous les deux ans au plus, et suivant l'état des ressources budgétaires, être augmenté de 300 francs au maximum.

Art. 10. *Des commis.* — Les commis de l'Administration de la Manufacture sont au nombre de sept. Ils sont nommés par arrêté ministériel.

Ils sont recrutés parmi les anciens sous-officiers rengagés comptant au moins dix ans de service, dont quatre dans le grade de sous-officier, conformément aux indications du tableau E annexé à la loi du 21 mars 1905, sur le recrutement de l'armée.

Toutefois, l'emploi de commis dessinateur attaché au Musée est attribué, autant qu'il est possible, à un ancien élève de l'École de céramique.

A défaut des candidats ci-dessus indiqués, ils sont nommés dans les mêmes conditions que les expéditionnaires de l'Administration centrale.

Ils sont employés dans les bureaux et magasins de la Manufacture et sont chargés de travaux d'écritures, de comptabilité, de tenue de livres, etc.

Ils reçoivent une indemnité annuelle fixe (soumise à la retenue de 4 p. 100 pour la Caisse nationale des retraites pour la vieillesse) dont le montant n'est pas inférieur à 1,500 francs ni supérieur à 4,000 francs et qui peut être, tous les deux ans au plus, et suivant l'état des ressources budgétaires, augmentée de 200 francs au maximum.

DISPOSITIONS TRANSITOIRES.

Art. 11. Les dispositions de l'article précédent, relatives au recrutement des commis de la Manufacture nationale de Sèvres, ne seront applicables qu'à partir du 23 mars 1906, date de la mise en vigueur de la loi du 21 mars 1905 sur le recrutement de l'armée.

Art. 11 *bis*. Les commis de la Manufacture nationale de Sèvres qui, avant la promulgation du présent décret, auraient subi des retenues pour les pensions civiles dans les conditions prescrites par la loi du 9 juin 1853, sont maintenus dans la situation qu'ils occupent actuellement.

Art. 12. *Des gardiens et gens de service.* — Cette catégorie d'agents comprend : 1° un brigadier des gardiens, deux sous-brigadiers et cinq gardiens; 2° un portier, un commissionnaire, un voiturier, un veilleur de nuit, un préposé au service des feux et des eaux, un serrurier et un menuisier.

Les gardiens et les gens de service sont nommés par arrêté ministériel.

Les gardiens sont recrutés conformément aux indications des tableaux E et F annexés à la loi du 21 mars 1905.

Les gens de service, sauf le serrurier et le menuisier, sont recrutés parmi les militaires non gradés, comptant au moins quatre ans de services, conformément aux indications du tableau G annexé à la loi précitée.

Les gardiens et gens de service, autres que le serrurier et le menuisier, sont chargés respectivement du nettoyage et de l'entretien des bureaux, magasins, salles d'expositions, etc., de la surveillance des locaux ouverts au public, de la conduite des visiteurs dans les ateliers. du service de garde, des livraisons dans Paris et la banlieue, de l'entretien des appareils de chauffage et d'éclairage du service de nuit, etc.

a. Le brigadier des gardiens reçoit un traitement dont le montant n'est pas inférieur à 1,700. francs ni supérieur à 2,000 francs.

Les sous-brigadiers, au nombre de deux, reçoivent un traitement dont le montant n'est pas inférieur à 1,500 francs ni supérieur à 1,700 francs.

Le traitement des gardiens, dont le nombre est fixé à cinq, varie entre 1,200 et 1,500 francs.

Les traitements du brigadier des gardiens, des sous-brigadiers et des gardiens peuvent être, tous les deux ans au plus, et suivant l'état des ressources bugétaires, augmentés de 100 francs au maximum.

b. Le portier, le commissionnaire, le voiturier, le veilleur de nuit, le préposé au service des feux et des eaux, le serrurier et le menuisier reçoivent une indemnité annuelle fixe, soumise à la retenue de 4 p. 100 pour la Caisse nationale des retraites pour la vieillesse, qui ne peut être inférieure à 1,200 francs ni supérieure à 1,700 francs et qui est susceptible, tous les deux ans au plus, et suivant l'état des ressources budgétaires, d'une augmentation de 100 francs au maximum.

Art. 13. Les dispositions transitoires insérées à l'article 11, paragraphes 1 et 2, du présent décret sont applicables aux gardiens et gens de service en ce qui concerne le recrutement de ces agents.

En outre, les agents qui reçoivent actuellement un traitement ou une indemnité supérieur au taux maximum fixé par les présentes dispositions, continueront à bénéficier du traitement ou de l'indemnité qui leur est actuellement alloué.

Deuxième section.

PERSONNEL DES ATELIERS.

1° *Direction des travaux scientifiques et techniques.*

ART. 14. *Du Directeur des travaux scientifiques et techniques.* — Le Directeur des travaux scientifiques et techniques est choisi parmi les candidats appelés à produire leurs titres scientifiques et techniques; il est nommé par arrêté ministériel.

Il a dans ses attributions la direction des laboratoires de chimie et des laboratoires d'essai, la direction des ateliers de fabrication, l'étude des procédés et les recherches scientifiques. Il est chargé des consultations sur les questions industrielles et de science céramique. Il a, en outre, la direction de l'École de céramique, pour ce qui est des parties techniques de l'enseignement.

Il lui est alloué un traitement qui n'est pas inférieur à 7,000 fr. ni supérieur à 10,000 francs, et qui peut, tous les deux ans au plus, et suivant l'état des ressources budgétaires, être augmenté de 1,000 francs au maximum.

ART. 15. *Du chimiste chef des moufles.* — Le chimiste chef des moufles est nommé par arrêté ministériel, dans les mêmes conditions que le Directeur des travaux scientifiques et techniques, dont il est le collaborateur le plus direct. Il est chargé des études et recherches de procédés, des expériences de laboratoire, de la préparation des pâtes, des couvertes, des émaux, des couleurs céramiques, de l'or ainsi que des essais et de la cuisson des moufles, etc.

Il lui est alloué un traitement qui n'est pas inférieur à 4,500 fr. ni supérieur à 7,000 francs, et qui peut, tous les deux ans au plus, et suivant l'état des ressources budgétaires, être augmenté de 500 francs au maximum.

ART. 16. *Du chef des ateliers de fabrication.* — Le chef des ateliers de fabrication est nommé par arrêté ministériel, dans les mêmes conditions que le chimiste chef des moufles.

Il est chargé de la distribution et de la direction des travaux des ateliers et des cuissons de grand feu ainsi que des essais et applications des nouveaux procédés.

Il reçoit un traitement qui n'est pas inférieur à 4,500 francs ni supérieur à 7,000 francs et qui peut, tous les deux ans au plus, et suivant l'état des ressources budgétaires, être augmenté de 500 francs au maximum.

Art. 17. *Du surveillant des ateliers de fabrication.* — Le surveillant des ateliers de fabrication est nommé par arrêté ministériel, dans les mêmes conditions que le chef des ateliers de fabrication, dont il est l'adjoint.

Il est chargé de la surveillance et de la comptabilité spéciale des ateliers, du règlement des comptes, etc.

Il reçoit une indemnité annuelle fixe, soumise à la retenue de 4 p. 100 pour la Caisse nationale des retraites pour la vieillesse, qui n'est pas inférieure à 2,400 francs ni supérieure à 3,600 francs et qui, tous les deux ans au plus, et suivant l'état des ressources budgétaires, peut être augmentée de 200 francs au maximum.

Art. 18. *Ouvriers, ouvrières et apprentis.* — A raison de la nature, de la spécialisation des travaux et de la quantité indéterminée des commandes à exécuter, le nombre des ouvriers, ouvrières et apprentis n'est pas limité.

Ils sont nommés par arrêté ministériel, sur la proposition de l'Administrateur, et recrutés par la voie de l'apprentissage ou parmi des ouvriers de l'industrie privée signalés pour leurs capacités professionnelles.

Ils se livrent à des travaux déterminés par la spécialité de chacun : tournage, façonnage, moulage, émaillage, découpage, polissage, etc.

Ils reçoivent une indemnité annuelle fixe, soumise à la retenue de 4 p. 100 pour la Caisse nationale des retraites pour la vieillesse, qui n'est pas inférieure à 480 francs ni supérieure à 3,600 francs et qui peut, tous les ans au plus, et suivant l'état des ressources budgétaires, être augmentée de 240 francs au maximum.

DISPOSITION TRANSITOIRE.

Art. 19. Les ouvriers et ouvrières qui, antérieurement à la promulgation du présent décret, ont subi, sur leurs traitements, des retenues pour les pensions civiles dans les conditions prescrites par la loi du 9 juin 1853, sont maintenus dans la situation qu'ils occupent actuellement.

2° *Direction des travaux d'art.*

Art. 20. *Du Directeur des travaux d'art.* — Le Directeur des travaux d'art est nommé par arrêté ministériel. Il est choisi parmi les candidats appelés à faire valoir leurs titres spécialement basés sur la production d'œuvres appliquées aux différentes branches de l'art décoratif.

Il est chargé de la direction des ateliers de décoration, de la distribution des travaux, des études et créations de modèles, de la réception des projets présentés, etc.

Il a, en outre, la direction de l'École de céramique, pour ce qui est de la partie artistique de l'enseignement.

Il lui est alloué un traitement qui n'est pas inférieur à 7,000 fr. ni supérieur à 10,000 francs et qui peut être, tous les deux ans au plus, et suivant l'état des ressources budgétaires, augmenté de 1,000 francs au maximum.

Art. 21. *Du chef des ateliers de décoration.* — Le chef des ateliers de décoration, choisi parmi les artistes (appartenant ou non à la Manufacture) ayant la pratique des travaux de décoration appliqués à la céramique, est nommé par arrêté ministériel.

Il est chargé de l'exécution des commandes, de la distribution de l'or, des émaux, couleurs, etc., du règlement des comptes d'atelier, etc.

Il lui est alloué un traitement qui n'est pas inférieur à 4,500 fr. ni supérieur à 7,000 francs et qui peut être, tous les deux ans au plus, et suivant l'état des ressources budgétaires, augmenté de 500 francs au maximum.

DISPOSITION TRANSITOIRE.

ART. 22. L'emploi de *surveillant des ateliers de décoration* est supprimé par voie d'extinction. A dater du jour où le titulaire actuel de cet emploi aura cessé ses fonctions, il y aura lieu de procéder à la nomination d'un *chef des ateliers de décoration*, dans les conditions indiquées ci-dessus.

Jusqu'à cette date le surveillant des ateliers de décoration continuera de remplir son emploi dans les conditions actuelles et avec la jouissance du traitement y afférent, qui est de 3,500 francs.

ART. 23. *Des artistes.* — Les artistes de la Manufacture de Sèvres sont choisis parmi les personnes justifiant des aptitudes requises en l'espèce et, de préférence, parmi les anciens élèves de l'École de céramique initiés aux travaux de la Manufacture. Ils sont nommés par arrêté ministériel. Leur nombre n'est pas limité.

Ils sont chargés de l'application des divers procédés de décoration employés en céramique, de la composition et de l'exécution des pièces.

Il leur est alloué une indemnité annuelle fixe soumise à la retenue de 4 p. 100 pour la Caisse nationale des retraites pour la vieillesse, qui n'est pas inférieure à 1,200 francs ni supérieure à 4,200 francs et qui peut être, tous les deux ans au plus, et suivant l'état des ressources budgétaires, augmentée de 300 francs au maximum.

Art. 24. *Des ouvriers, ouvrières et apprentis.* — A raison de la nature, de la spécialisation des travaux et de la quantité indéterminée des commandes à exécuter, le nombre des ouvriers, ouvrières et apprentis n'est pas limité.

Ils sont nommés par le Ministre, sur la proposition de l'Administrateur, et recrutés par la voie de l'apprentissage ou parmi les ouvriers de l'industrie privée signalés par leurs capacités professionnelles.

Ils ont à exécuter des travaux d'émaillage, de dorure, de ciselure, de montage, etc., selon la spécialité de chacun.

Ils reçoivent une indemnité annuelle fixe, soumise à la retenue de 4 p. 100 pour la Caisse nationale des retraites pour la vieillesse, qui n'est pas inférieure à 480 francs ni supérieure à 3,000 francs et qui peut être, tous les deux ans au plus, et suivant l'état des ressources budgétaires, augmentée de 240 francs au maximum.

DISPOSITION TRANSITOIRE.

Art. 25. Les artistes, ouvriers et ouvrières qui, antérieurement à la promulgation du présent décret, ont subi sur leurs traitements des retenues pour les pensions civiles dans les conditions prescrites par la loi du 9 juin 1853, sont maintenus dans la situation qu'ils occupent actuellement.

Troisième section.
ÉCOLE DE CÉRAMIQUE.

Art. 26. *Des professeurs.* — Les professeurs de l'École de céramique annexée à la Manufacture nationale de Sèvres sont choisis parmi les candidats pourvus des aptitudes et connaissances nécessaires. Ils sont nommés par arrêté ministériel.

Ils sont au nombre de sept, et l'un d'eux est chargé des fonctions de *censeur des études.*

Ils reçoivent une indemnité annuelle fixe, soumise à la retenue de 4 p. 100 pour la Caisse nationale des retraites pour la vieillesse, qui est de 1,200 francs au moins et de 2,400 francs au plus, pour les professeurs ordinaires et qui n'est pas inférieure à 2,400 francs ni supérieure à 3,500 francs pour le professeur censeur des études.

Ces diverses indemnités sont susceptibles de recevoir, tous les deux ans au plus, et suivant l'état des ressources budgétaires, des augmentations de 300 francs au maximum.

Art. 27. *Des instructeurs.* — Les instructeurs de l'École de céramique sont au nombre de deux. Ils sont choisis dans le personnel des ateliers de la Manufacture à raison de leurs connaissances techniques et nommés par arrêté ministériel.

Ils sont chargés de donner aux élèves l'enseignement pratique appliqué aux travaux de fabrication et de décoration.

Ils reçoivent une indemnité annuelle fixe, soumise à la retenue de 4 p. 100 pour la Caisse nationale des retraites pour la vieillesse, et qui n'est pas inférieure à 1,800 ni supérieure à 3,000 francs qui est susceptible d'être augmentée, tous les deux ans au plus, de 200 francs au maximum.

Art. 28. *Du surveillant.* — Le surveillant est nommé par le Ministre dans les conditions prévues pour les gardiens de la Manufacture.

Il est chargé de la surveillance des élèves aux cours et en études.

Il reçoit une indemnité annuelle fixe soumise à la retenue de 4 p. 100 pour la Caisse nationale des retraites pour la vieillesse, qui n'est pas inférieure à 1,200 francs ni supérieure à 1,800 francs et qui est susceptible d'être augmentée de 100 francs au maximum, tous les deux ans au plus.

TITRE IV.

RÈGLEMENT DU SERVICE MÉDICAL.

Art. 29. Le service médical de la Manufacture nationale de Sèvres est assuré par un médecin principal, assisté de plusieurs médecins adjoints ayant été agréés par décisions ministérielles.

Art. 30. Le médecin principal est seul chargé de la constatation des maladies et des accidents déclarés de nature à justifier des absences plus ou moins prolongées et à motiver le payement de frais de maladie.

Il constate également les cas d'invalidité physique pouvant donner lieu à l'application de l'article 11 de la loi du 9 juin 1853 pour admission de droits à pensions de retraite.

Le médecin principal est tenu de se rendre, tous les jours, à une heure déterminée, au cabinet médical installé dans la Manufacture pour la consultation.

Il doit, en outre, donner ses soins gratuitement à tout agent qui a recours à lui.

Art. 31. Les médecins adjoints prennent l'engagement, en acceptant le titre de médecin de la Manufacture nationale de Sèvres, de donner gratuitement leurs soins au personnel de l'Établissement, dans les conditions spécifiées pour chacun d'eux par la décision ministérielle qui les accrédite à la Manufacture.

Art. 32. En cas d'empêchement du médecin principal, pour cause de maladie, de congé autorisé ou pour toute autre cause justifiée, le service médical de contrôle, défini à l'article 30 du présent règlement, est confié à l'un des médecins adjoints, alternativement et par voie de roulement.

Art. 33. Une indemnité annuelle de 1,200 francs reste attribuée au médecin principal.

En cas de suppléance, la part d'indemnité correspondant au temps d'interruption du service normal est acquise au médecin adjoint délégué pour remplacer temporairement le médecin principal.

Art. 34. Le Ministre de l'instruction publique, des beaux-arts et des cultes et le Ministre des finances sont chargés, chacun en ce qui le concerne, de l'exécution du présent décret.

Fait à Paris, le 15 novembre 1905.

ÉMILE LOUBET.

Par le Président de la République :

Le Ministre de l'instruction publique,
des beaux-arts et des cultes,
BIENVENU-MARTIN.

Le Ministre des finances,
MERLOU.

www.ingramcontent.com/pod-product-compliance
Lightning Source LLC
LaVergne TN
LVHW021746030726
842523LV00003B/948